Michael Herrschel

Katharina.Schatten.Spiel

Michael Herrschel

Katharina.Schatten.Spiel

edition promenade

MIX

Papier aus verantwortungsvollen Quellen
Paper from responsible sources

FSC® C105338

I

Ich bin nicht Katharina. Hat das jemand angenommen?

Also – ich war bis eben noch überhaupt nichts. Eine Stimme, ja. Aber sonst? Freilich, jetzt, wo die Lampe angeht, passiert etwas. Purzeln Wörter durch den Lichtkegel. Es geht um eine, die man sich vorstellt. Und es ist sehr die Frage, was dann gewünscht und erwartet wird. Vielleicht – etwas Leutseliges, in ein Mieder Gezwängtes, Vorzeigbares? Ich glaube: Ich bin das Gegenteil von allem, was man so im Kopf hat über sie, die vor langer, ach! viel zu langer Zeit den Mund auftun und selber sagen konnte: Ich.

Von ihr ist nichts übrig. Kein Liebesbrief, keine Haarlocke. Nur: Wollen wir uns damit zufrieden geben? Und gefangen sein in unserem Jetzt, immer nur Jetzt ... ?

Oder kann uns noch etwas anderes begegnen? Stürmisch und weit und alles verschlingend wie ein Meer, auf das wir zugehen, voll Verlangen, Schritt für Schritt das Jetzt hinter uns zu lassen, wie den Sand, den die Füße zur Seite drücken – und dann kommt es näher, das Meer, wir spüren seine Gischt, und schreien vor Begeisterung, stürzen uns hinein – es ist kalt, und wir zittern, und wollen untertauchen, bis auf den Grund, den schwarzgrünen felsigen Grund, um ihm etwas abzuzwingen – einen Schatz, ja!

2

Kein Oben ist hier und kein Unten. In diesem Verschieberaum aus Zeit, endlos, bis von irgendwo Licht einfällt. Tropfen sich zu Ketten ordnen. Fäden. Wellen. Bunte Fetzen. Stoffe. Kleider, sehr nah, in die ein Arm schlüpfen kann. Aber sie entgleiten. Mein Ich – findet keine Hülle.

Zerfließt. Aber – dann behaupte ich mich! Öffne meinen Mund, dass Luftblasen vorschießen, und schreie: Ich – bin!

Gut. Aber jetzt ...

Die Wellen saugen ...

Etwas reißt nach hinten. Gewaltig. Ein Strom zieht mich. Mich! In die Mündung zurück, flussaufwärts, in ein Vergangenes, das ich nicht kenne. Das ich sein werde. Im Spiel. Das jetzt beginnt.

Es klingt – hell ...

3

Ich muss husten. Die Haare sind nass. Und es geht so ein Wind. Frisch aus der Erde geschlüpft, richte ich mich auf. Au! und werde gebeugt. Von hinten. Von einer großen Hand. Ich habe auch Hände. So kleine Finger. Johannisbeergroße Nägel.

Und ein Schlag von hinten. Ich knie vornübergebeugt. Stütze mich auf den Boden.

»Willst du wohl hersehen? Hier. Siehst du den Thymus? Du musst ihn vermehren. Eine Fingerlänge vom jungen Trieb abschneiden. So.«

Das Messer schimmert. Ich möchte nicht, dass die Länge meines Fingers abgeschnitten wird.

»Sieh mir zu: Jetzt vom unteren Teil die Blätter abmachen, behutsam. Hier, riech einmal. Und schmecke.«

Es duftet. Mit der Zunge koste ich. Würzig.

»Jetzt nicht lang gewartet. Sonst wird er welk. Er muss in junge Erde, hier in den Topf.«

Ja, ehrwürdige Mutter ... Ehrwürdige Mutter? Hab ich das gesagt? Ja. Vorsichtig blicke ich auf ein Lebewesen. Es hat einen Kopf. Aus dem kommen Befehle.

»Die Ableger immer bei zunehmendem Mond einpflanzen. Und die Erde mit beiden Daumen andrücken.«

Ich betrachte meine Hände. Ich habe die Haut von einem Kind.

Au! Jetzt hat sie mich wieder geschlagen ...

4

Wir lernen hier das Lesen. Und was wir lesen, das erzählen wir uns. Eine der anderen. Wir haben keine Geheimnisse. Wir erzählen ja auch alles dem Lieben Gott, und sind stolz, weil wir seine Bräute sind. Wir sind eine, zwei, drei, fünf, sieben, neun ... O Gott, du hast eine große Schar von Bräuten! Ich weiß, du sorgst dafür, dass die Bauern uns ernähren. Das hab ich nämlich beobachtet, wie die Bauern kommen und bei der Wirtschafterin etwas abliefern. Und ...

Lieber Bräutigam, sag: Interessierst du dich überhaupt – für mich? Ich meine, wenn du mit so vielen ... Kannst du alle unsere Stimmen auseinanderhalten? Wenn wir hier drinnen im Gehäuse zusammenhokken und singen? Wir loben dich, wir sperren unsere Kehlen auf zum Dank. Und du schaust uns zu beim Wachsen. Bei der Matutin sind wir frisch wie der Tau im Garten. Wie die Halme und Stengel, durch die der Morgensaft fließt, strecken wir uns gradewegs hoch, dem gemauerten Klosterkirchenhimmel entgegen. Der Himmel über uns ist von Stein gemacht. Und unsere Tage sind hart wie der Fels in der Wüste!

Lieber Gott, ich habe nie eine Wüste gesehen, aber – es muss ja seinen Grund haben. So wie es einen hat, dass unser Tag sich in die Woche fügt. Und die Woche als eine Speiche ins Rad des Jahres, das sich dreht und dreht und unsere Kräfte aufzehrt. Und dass wir im Takt atmen und schuften, um dann wieder zu singen, in der Messe, die uns aufrichtet, und dass sich von Aufrichtung zu Aufrichtung eine schmale Knochenbrücke spannt, aus Hunger und Schnaufen bei unserer Hände Werk!

5

Da tritt auf eins, zwei ein Mann über die Schwelle. Ein Riese mit schwarzem Gewand. Mit einer Kiste, in der etwas drin ist, etwas Lebendiges. Ich hör das. Weil wimmernde Laute herauskommen. Was ist das bloß?

Kommt, Schwestern, wir fragen den Mann. Gehen vor zu ihm.

Au! Oberin, du kneifst mich in die Ohrmuschel. Ja, ich hab schon verstanden! Wir sollen warten. Du rufst uns auf. Und wen zuerst?

Ave! Ja. Weil sie die erste im Alphabet ... Immer ist sie die erste. Ave! Mit Unschuldsmiene geht sie vor, und der Mann greift in die Kiste und gibt ihr etwas. Verflixt, ich sehe nicht, was das ist. Und flüstert ihr etwas ins Ohr, und ich höre es nicht.

Ich schließe die Augen. Ich halte sie geschlossen, bis mich jemand rufen wird bei meinen vier Silben: Ka, tha, ri, na.

Bis dahin höre ich die Luft summen. In meinem geheimen Morgenschlaf ...

Au, was soll das? Wer ist dran? Ich? Was schubst ihr mich vor? Ach so: Auf den Mann zu! Auf das Gesicht. Auf seine Hände. Eine Hand greift in die Kiste und ...

Und gibt mir was!

Oh! das hat einen Bart und kugelt sich und klettert und rollt ab, und ich halt es fest und ...

Ja, du bist ein liebes Kätzchen!

Du scheinst Hunger zu haben.

Jetzt höre ich, wie der Mann schnauft. Und mir ins Ohr sagt:

»Ja, es hat Hunger!«

Mir gefriert das Blut in den Adern. Und jetzt flüstert er:

»Das ist dein Gewissen! Es beißt die Sünden-Mäuse tot.«

Er sagt noch, dass er wiederkommt. Und dass wir erzählen dürfen, was wir gemacht haben. Ihm – beichten!

Ich würde schon gerne was erzählen. Aber jemand anderem. Meinen Eltern vielleicht?

Die Mutter ist tot. Und der Vater?

Wem soll ich beschreiben, wie das Leben hier ist? Hinter dieser Mauer?

Vielleicht leben wir hier drin gar nicht? Sind noch gar nicht geboren?

Wir müssten werden wie die Schwalben unterm Hausdach.

Die fliegen hinaus in den Himmel. Nicht in den steinernen, in den echten. Und sie kehren zurück mit einem Wurm im Schnabel, für die Kleinen. Von daher muss es Würmer geben auch in diesem Himmel draußen, und grüne Wiesen und vieles wie hier, nur anders.

Vermutlich interessiert sich im Himmel niemand für uns. Niemand außer dem Katzenzüchter.

Er sagt: Wir müssen wachsen und reifen. Ich könnte es ja mal versuchen. Augen zu ...

Und wachsen.

Augen wieder auf ...

Und älter geworden. Und die Katze neben mir größer. Die wächst mit. Mir stehen die Haare zu Berge ... Gänsehaut. Aus mir sprießt etwas. Ich spreize die Finger. Und wenn der Wind kommt, streicht er zwischen Federn durch. Verfängt sich, und ich kann fliegen ...

6

Ein Knöchlein ward gefunden
bald in den Morgenstunden
hier an der Schwelle vom Schlafkämmerlein ...

Mich friert. Ich möcht mich in die Decke wickeln. Aber ich muss zur Matutin.

Wollt' flattern in den Lüften
hart über Menschengrüften:
Stolz war das zierliche Waldvögelein ...

Heut nacht. Ich warte auf die Nacht. Um wieder die Finger zu spreizen, die gefiederten, dass eine leichte Luft mich trägt. Ins Freie!

Mein Kätzlein hats zerrissen
hat ihm die Kehl zerbissen ...

Nein! Das geschieht mir nicht! Ich lass mir von den Alten keine Angst mehr einjagen. Sie wollen uns lehren, dass wir bis zum Sterben hier gefangen sind.

Ich aber glaube, dass wir am Leben bleiben! Am Leben bleiben und doch hinausgelangen.

Seid ihr dabei?

7

Das kann doch nicht sein, dass wir an das gebunden sind, was andere für uns entschieden haben, als wir noch dumme Schreihälse waren.

Ich hab eine Schrift unterm Laken versteckt. Vorsichtig, hier.

Das ist vom Junker Jörg.

Nein, so heißt er nicht wirklich. Wenn er seinen Namen sagt, und sie fangen ihn, dann – bringen sie ihn um!

Viele haben Angst vor ihm. Die Oberin stellt ihn sich vor wie ein Tier, das mich betört. Eine Nachtigall im Fenster!

Sie hat mir verboten, zu lesen, was er schreibt. Hier: Ist das nicht gut, dieser Satz?

Und hier …

Manches versteh ich nicht. Er sagt: Er ist niemandem verantwortlich als nur seinem Gewissen. Ich denk mir: Seiner Katze? Wie will das gehen, wenn er doch ein Vogel ist? Hat er dann nicht immerzu Angst, die Katze fräße ihn auf?

Unsere Katzen sind alt und schwach. Da ist keine Gefahr.

Ich zähle schon die Tage und die Nächte. Sieben sind es noch bis Ostern.

Zählt mit!

Es werden weniger.

Jetzt sind nur noch drei.

Noch zwei.

Noch eine letzte Nacht.

Nur Stunden trennen uns vom Ostermorgen. Von der Ausfahrt in den Himmel der Menschen! In ihre lärmende himmlische Stadt mit Marktplätzen und Häusern und Schreibstuben und Hörsälen, in denen gestritten wird: über die heilige Schrift. Und die darüber streiten, das sind Männer. Die können alles auf Latein lesen wie wir. Nur mit dem Unterschied, dass sie, wenn sie Bier dazu trinken, schneller aufbrausen. Ach, es schauert mich vor Neugier.

Ich steh jetzt auf. Geh hinaus vor die Tür. Dort warte ich auf euch, Schwestern. Hört ihr, wie meine Füße den Boden berühren? Jeden Stein dieses Bodens berühre ich zum letzten Mal!

8

Wie lange dauert es nur, bis der Wagen kommt? Die Vögel sind schon wach. Zwitschern in den Bäumen wie wild. Hört ihr? Ich möchte auch so singen. So hell, so frei. Für euch, Schwestern, und für die Welt!

Ich will sie sehen, die Welt. Und leben wie ich will, ohne die Alten und ihr Gekrächze: Mach dies, mach das! Sie werden Gesichter ziehen, wenn sie merken, dass wir verschwunden sind.

Warum ist die Straße so leer? – Was flüstert ihr? – Es gibt kein Zurück! Wir haben es uns geschworen!

Aber halt: Da rührt sich was in der Luft! Endlich. Es wiehert, es rattert, es lärmt. Ja! Um die Ecke rollt ein Kaufmannswagen. Schwestern, es ist soweit!

Schnell, klettert hoch! Bloß nicht umschauen. Es ist vorbei. Glaubt mir, alles ist besser als diese Totenkammer.

Versteckt euch hinter den Fässern. Schnauft leise, schnattert nicht. Es duftet nach Heringen. Habt ihr Angst? – Halleluja: Es rumpelt. Es geht los ...

9

Zwischen Spinnweb' und Malerpinsel: Seht mich hier!
Mit dem Steißbein angewurzelt auf dem Hocker
oder stehend mit zurückgezognen Schultern:
Und obendrauf mein Kopf!

Schau ihn dir an, Meister Lucas! Kostbar ist er.
Male ihn genau. Ich hab ein heiliges Gesicht,
das ist geeignet für Madonnen, Märtyrerinnen,
alles, was du an die Päpstlichen verkaufst ...
Und genauso kann ich eine Fürstin mimen,
eine wittenbergische!

10

Meister Lucas versteht sein Geschäft. Ich glaube ja, es gibt bessere Maler als ihn. Wenn er mich abkonterfeit – mir ist es gleich. Das heißt, mir ist es nicht gleich. Ich würde lieber der Meisterin in der Apotheke aushelfen. Warum lassen sie mich nicht? Weil ich eine Frau bin und eine Adlige obendrein? Ich will selber arbeiten. Ich versteh mich auf die Kräuter und aufs Wirtschaften und auf noch mehr. Aber die Meisterin sagt, das käme nicht in Frage für mich. Ich solle heiraten, dann hätte alles seine Ordnung. Pah! Ich möchte wissen, was das für eine Ordnung sein soll. Dieselbe, nach der sie in der Küche den Wachteln die Köpfe abschlagen? Muss denn, wer leben will, sich schlachten lassen?

Ich habe die Flucht falsch berechnet. Es hungert sich schlechter in der Stadt als in den fetten Klostergründen. Da waren wir eingeschlossen und sehnten uns fort, aber hatten zu essen. Und man braucht was zu essen. Vernünftig wärs, zum Schein auf die Meisterin einzugehen. Mich hübsch zu machen. Als ob ich einen von denen wollte, die sie mir anpreist. So kann ich Zeit schinden. Mit Lachen, Plaudern, Fröhlichsein!

II

Die Meisterin sitzt da mit einem Kartenspiel. Sie zieht einen Buben heraus, und sie wirft ihn in die Luft, und sie klatscht in die Hände, und dann sitzt er auf der Bank und schaut herüber.

Sieht eigentlich ganz nett aus. Student, in meinem Alter. Also gut. Gut. Gut! Den würd ich nehmen.

Was? Die Eltern sind dagegen? Weil ich eine entlaufene, entlaufene, entlaufene ... Himmel nochmal! Alles von vorn!

Und die Meisterin mischt wieder ihre Karten, und hebt ab, und mischt wieder, und zieht wieder einen raus – ich bin gespannt.

Pfui Teufel! Solche Augen! Nein! Das ist ein knickeriger Hund. Der legt die Hände in den Schoß und lässt mich springen und für jeden Pfennig Rechenschaft ablegen. Nein! Hörst du? Ich hab nein gesagt!

Da flucht sie, die Meisterin. Und sie wirbelt ihre Karten durcheinander. Und sie schwitzt. Jetzt wird es ernst ... Da ist ein Junker noch im Spiel. Ist es der Amsdorff?

Er schreitet auf mich zu. Und hinter ihm steht noch ein anderer. Das ist, das ist ...

Junker Jörg!

Den will ich haben, Meisterin! Den will ich haben, Herr von Amsdorff! Wie? Er will nicht herkommen? Sagt ihm, dass ich mit ihm reden will!

Amsdorff! Nicht böse sein. Ich weiß, dass du ...

Jetzt gehen alle weg ...?

Ich dreh mich um. Geh ab. In die Kammer.

Halt! Ich spüre einen Blick zwischen meinen Schulterblättern. Ich wende mich zurück, und da steht ... steht Martinus. Junker Jörg.

Ein bisschen viel Speck im Gesicht. Und er lässt mich nicht zu Wort kommen. Aber sonst kein unleidlicher Mensch. Wenigstens kein langweiliger.

Nanu ... Ich höre Schritte.

Hinter mir ging jemand vorbei. Da hat er hingeschaut.

Ich kenne diesen Gang. Das ist doch, das ist ja ... Ich fass es nicht. Das bist ja du – Ave! Meine Fluchtgenossin. Geliebte Feindin! Zum Donner, das ärgert mich. Dass er auf dich ein Auge geworfen hat. Musste das sein? Ausgerechnet jetzt und auf dich!

12

Ave, du Gepriesenste, Umgarnteste von uns allen. Du, du – Schönheit! Mit deinem Augenaufschlag, den du fallen lässt wie eine Almosenmünze. Seit wir in Wittenberg sind – alle Welt rennt wie ein Rudel junger Hunde hinter dir her!

Ich könnte dich ans andere Ende der Welt wünschen. Ins wüste Morgenland, wo Zauberinnen auf ihre Finger falsche Nägel aufstecken. So eine bist du!

Und du isst nur Äpfel. Ich bekomme Hunger, so dünn bist du. Und ich krieg meine Augen nicht los von deinen Fingern. Ich stell mir vor: Wenn du wirklich solche Nägel besäßest, dann würde ich sie mir ausleihen und – verbrennen ...

Ich hab dich sehr lieb, Ave. Und ich sag dir: Wenn du ihn mir wegnimmst, dann bin ich eifersüchtiger auf ihn als auf dich.

Natürlich darf er das nicht wissen. Sonst fängt er an zu toben, der Herr Doktor. Und erklärt uns zu Hexen, und dann brennen wir beide.

Wenn ich einmal sterben muss, vielleicht möchte ich es mit dir.

Ich meine, es eilt mir nicht. Aber jetzt gerade ist mir danach.

Zu zerfallen. Eine Rauchfahne zu werden, wir beide zusammen. Wir steigen auf und sind nicht mehr voneinander zu unterscheiden, und werden immer kälter, bis wir irgendwo am Ende der Zeit auf einen Engel stoßen, der sagt: Ich hab auf euch gewartet. Ihr seid jetzt nur Luft und Gedanken ...

Es duftet nach Feuer. Wo bin ich? Ach. Auf einem Fest. Es wird was gebraten. Und dahinter, im beizenden Qualm, seh ich dich tanzen, Ave. Und du weißt gar nicht, wo wir waren, stimmts? Du lachst. Neben dir tanzen noch welche von uns, die auch nichts wissen. Wartet, ich stürz mich in den Reigen!

Mit Lust tret ich an diesen Tanz,
zerreiße den geflochtenen Kranz
und schreie laut vor Gott und Welt:
Seid frei, ihr Schwestern, wie's euch gefällt!

13

Es braut sich was zusammen in der Welt. Und ich werde Martin heiraten.

Ich habe geträumt ... Es muss vorletzte Nacht gewesen sein: Ich fahre in einem Wagen aus der Stadt heraus. Martin sitzt neben mir.

Ich lasse den Wagen anhalten. Wir steigen aus. Grillen zirpen.

Ich schaue um. Der Wagen ist verschwunden. Wir gehen querfeldein und einen Hügel hoch. Von da sehen wir Dörfer und eine Burg. Wo die Burg ist, steigen Flammen auf. Was ist das? frage ich dich.

Du sagst: Sie werden es büßen.

Wer wird etwas büßen?

Ich höre ein Rindsgebrüll. Bist du das, Martin? Du zuckst mit den Achseln und sagst: Mein Bauch! Mein Bauch hat schon wieder Hunger. Frau, schaff mir was zu essen! Ach, Martin. Es gibt ja nichts als Bauern hier.

Manche glauben an dich wie an den Messias. Das sind die schlimmsten. Die enttäuschen wir am ärgsten. Sie scharen sich um uns, mit ihren vielen Gesichtern, vielen Mündern, und rechnen vor, wie es ihnen geht. Du hörst ihnen nicht zu. Ich schon. Aber sie schauen nicht auf mich. Ich rechne mit und begreife, dass sie so nicht leben können.

Du redest und gestikulierst, und deine beiden Arme reichen dir nicht aus, dir wächst ein dritter und ein vierter Arm, und dann stößt ein Junger einen Pfiff aus und springt vor, und andere mit, und sie fassen dich an und drehen dir die Arme heraus, reißen sie ab und schleppen sie zum Feuer und braten sie. Und du redest weiter. Mit mahlendem

Kiefer beugst du dich vor wie ein Rind. Martin, dir sind Hörner gewachsen, aus deinem Kopf heraus! Geschwungene Hörner. Und wo deine Arme waren, wachsen Beine mit Hufen. Und die Bauern schauen dich an mit dem Messer in der Hand.

Ich muss etwas tun. Werfe dir einen Strick um den Hals. Raus hier! Ja, brüll mich nur an, du! Ich lass nicht locker, bis du folgst.

Jetzt lass mich aufspringen. Warte. So. Ich halte mich an deinen Hörnern fest. Los, flieh! Aber wirf mich nicht ab. Was planst du? Du trampelst im Zickzack, zerstampfst ihre Felder und schaufelst und spritzt mit den Hufen Erde hinter uns. Einen Wall zwischen uns und sie, die schon johlend losrennen mit ihren Dreschflegeln und Sturmsensen. Du schwitzt vor Angst. Ich muss zusehen, dass ich nicht abrutsche an deinem nassen Fell, und nicht taub werde von deinem Gebrüll, dass man diese Bauerntölpel alle totschießen soll, sie, die so unverschämt sind, dich vor sich herzutreiben, und die dich, den Doktor Martinus, fressen, auffressen wollen als den Leib der Gerechtigkeit!

Und ich trau meinen Augen nicht: Deine Hörner versilbern sich und dein Fell wird weiß wie Schnee. Und du schnaubst und schreist immer lauter: Trefft sie! Sie müssen tot sein, tot, tot!

14

Und dann lieg ich neben dir und du neben mir. Und die Erde hört auf, sich zu drehen.

Es ist so unwirklich. Wie auf einem Bild.

Ich will nicht gemalt sein. Nicht jetzt.

Wenn ich einen intelligenten Körper habe, und ich habe einen, dann besitze ich Muskeln und Sehnen, die man auf so einem flachen Tafelbild überhaupt nicht sehen kann. Da bin ich ja nur – ein Brett. Eine hölzerne Haut und nichts darunter. Selbst wenn sich da Stifte eines Eisengürtels durchbohren, dann gehen sie ins leere körperlose Nichts. Das Fleisch ist Nichts.

Aber wehe, wenn dieses verleugnete Fleisch aufwacht! Dann spürt es auf einmal den Gürtel, der ihm angelegt wurde, und die Stacheln, die so tief hineinragen, um alles abzutöten, was sich regt. Und dann beginnt ein Ringen dagegen, ein Aufbäumen.

Ich hab das durchgestanden. Hab mir die Stacheln herausgerissen und den Gürtel fortgeschleudert. Meine Narben sind verheilt, aber ich spür sie noch.

Glaubst du, wenn wir miteinander schlafen, dass ich dann ein missgebildetes Kind auf die Welt bringe? Das hat man uns gesagt, früher.

Ach was red ich. Ich weiß ja, dass das alles nicht stimmt. Aber Angst haben wir trotzdem.

Deine Augen fragen, ob du das darfst.

Versuch doch mal, deinen Gürtel abzulegen.

Soll ich dir helfen? So. Vorsicht ...

Jetzt lösch das Licht.

In meinem Kopf pocht es. Mein heißes Wüten buchstabiert deinen Namen.

Pscht!

15

Weißt du ...

Mir hätte ja die Hochzeit in aller Stille gereicht. Ehrlich!

Aber du, du musstest jetzt nachträglich noch deine ganzen Bekannten einladen. Die Welt! Ja. Und wer darf sich um die Welt kümmern? Na klar. Ich.

Das wird ein Spaß. Ha! Ich seh sie schon vor mir, wie sie in Schwärmen anlanden, deine schwarzgekleideten Doktores und Magistri, deine Wahlverwandten und Disputationsgenossen mit ihren scharfen Schnäbeln und knurrenden Mägen, ja! Unsere werten Kostgänger und Saufbrüder. Noch eine Kanne Wein? Aber gerne! Und noch eine? Mit Vergnügen! Noch eine? Steht schon bereit. Labt euch daran, freut euch und lacht und singt! Und noch eine? Freilich, ja doch! Und noch eine und noch eine und noch eine und noch eine und noch eine ... ? Herr Jesus hilf, jetzt hab ich bloß noch Wasser!

Herr Jesus: Lass mich den Tag bestehn! In diesem Schwarzen Kloster. Verrückt, dass die Leute den alten Kasten immer noch so nennen. Ich will ihn verwandeln. Kein Kloster mehr!

Und ich verwandle mich selber. Bin – die Lutherin. Wie das klingt!

16

Mitternacht. Ich bin am Ziel. An meiner Schulter ruht ein schwarzer Mehlsack. O du mein sattgesungener, müdgegähnter, grausam schnaufender Held.

Aber du ... Wach auf aus deinem Schlaf! Da sind Leute an den Fenstern. Schau, hier! Und da! Und dort! Was hat das zu bedeuten: dass wir im gläsernen Häuslein sitzen, und alles glotzt und stiert herein mit geilen Augen?

Was hast du ihnen versprochen? Dass wir ein himmlisches Leben aufführen? Kinder zeugen vor ihren Augen? O nein, mein Freund, ohne mich!

Weißt du was, mein Schläfer? Ich rufe die Bauern. Die Totgeschlagenen. Ha! Da wirst du wach. Oder nicht?

Siehst du? Sie stehen auf. Sie humpeln herüber von Äckern, wo niemand sie begrub. Ihre sehnigen Hände, vom Arbeiten kräftig, sind noch nicht kalt. Sie greifen nach Steinen.

O ja, kommt nur näher! Hier gibt es ein Fest. Ich brauche euch! Seid lustig, schreit!

Ich zeig euch die Schritte zum bäurischen Reigen!

Heißa! Heißa!

Ich lass euch das gläserne Häuslein zerschmeißen ... !

Hörst du mich, Martinus?

Schläfst du?

O nein! Wach doch auf!

17

Hilfe! Ich bin gestürzt. In etwas Weiches. Kopfüber.

Meine Hände rudern. Greifen – in was? Papier? Nein. Es raschelt nicht. Oder Leinen?

Ja. Eine Decke. So glatt. Ich bin in ein Bett gefallen. Kopf nach unten. Mit den Füßen hänge ich oben fest. In der Wand. In einem – was ist das? Ich muss raus da – so, mit Schwung! Ah.

Ins weiche Bett. Ein Kissenmeer. Ich krabble da raus und steh auf und – schau mich um.

Weiße Wände. Großes Bett, und in der Wand dahinter – eine Öffnung in einen anderen Raum.

Da sitzt jemand. Im Kerzenschein. Das – das bist ja du, Martinus.

Bin ich vor dir fortgelaufen? Du sagst gar nichts mehr. Schau doch mal: Ich bin's! Du siehst mich wohl nicht? Warte, ich komm zu dir hinüber. Ich ...

Aber ...

Ich bring meine Hände gar nicht mehr hinein in diesen Mauerdurchbruch! Ich bin doch da rausgekommen?

Und jetzt gibt es keine Öffnung mehr. Das ist – eine starre Fläche geworden. Und du bist gar nicht mehr echt, Martinus! Das ist eine langweilige Abbildung: Du, in voller Größe auf dem Bett sitzend. Und der Platz neben dir – leer. Als wäre ich mit einem Sprung geradewegs ...

Mir wird schwindlig. Was ist das hier? Ein unbekanntes Nebenzimmer, mit Gegenständen, die ich nicht kenne, und ...

Moment. Hier steht die Tür einen Spalt offen. Geht auf einen Flur hinaus. Das ist gut ...

Huch, so ein seltsames Licht! Solche Teppiche hab ich auch noch nie gesehen. Ich bewege mich lautlos. Schleiche auf Zehenspitzen die Wand entlang. Die führt zu einer weiteren Türe. Aus Glas! Und dahinter – ist eine Treppe. Vorsichtig drücke ich die Glastüre auf, und jetzt – Stufe runter ... und runter ... runter ... da!

Da geht es ins Freie!

18

Da ist ja was los auf der Straße!

Was sind das für Leute? Tragen komische Sachen. Und halten sich kleine Mäppchen vor die Augen. Und mitten unter ihnen ... Wie kann das sein? Da ist zweimal Martinus. Dreimal, viermal! Aber alle sehen falsch aus. Und es werden noch mehr. Und alle sind in Begleitung von ... Das gibt es nicht! Soll das ich sein? In welchem Leben bin ich gestrandet? Mir wird schwarz vor Augen. Ich brauche ein Mittel. Ich müsste ...

Ha! Da ist ein Apothekenschild. Schnell. Hinein!

Das Gesicht der Apothekerin schwimmt auf mich zu. Lächelnd entblößt sie ihre Zähne und sagt:

»Sie brauchen Hilfe? Kommen Sie. Hier, nehmen Sie einen Schluck.«

Ah. Tut gut. Es durchströmt mich ... Und ich spüre, wie die Frau mich mustert. Ich höre ihre Stimme sagen:

»Wissen Sie, dass Sie einer sehr bekannten Person sehr ähnlich sehen? Ich mache Ihnen ein Angebot.«

Ein was?

»Sie brauchen nur hier zu unterschreiben!«

Ich weiß. Nichts. Mehr. Nur diese Stimme, die zu mir redet.

»Hallo? Sie waren kurz weggetreten. Aber ich glaube, jetzt ist alles wieder gut. Sie brauchen ja morgen Kondition!«

Kondition?

»Ja, natürlich. Ab morgen früh um acht werden Sie bei uns als Katharina auftreten. Es geht im Halbstundentakt. Hier haben Sie Ihren Text. Und ich zeig Ihnen auch gleich, wo Sie übernachten. Kommen Sie?«

19

Ich kann nicht mehr!

Wie lang geht das so? Wochen? Monate? Ich lüge um mein Leben. Tue, als ob ich eins hätte. Spiele das Groschenzählen, Mäulerstopfen, Windelnwechseln, Bettenmachen, Kleiderwaschen, Löcherflicken, Bödenschrubben, Lampenputzen, Wändestreichen – ach, es steht mir bis da! Diese familiäre Zurschaustellung unserer hungernden, fressenden, schlafenden, schreienden, scheißenden Körper, für eine Klientel von salzhart sentimentalen Weltflüchtlingen und Glaubensverwaltungskräften. Ich mime die Puppe an ihren Fäden!

Man feiert mich: als Ahnfrau eines ewigen Hauses. Ja! Und in dem wurde schon immer so gelebt, wie die kirchlichen Räte es öffentlich gutheißen.

O ihr Getreuen! Ihr immer Richtigen: Habt ihr denn kein eigenes Leben? Das nur euch gehört?

Es muss doch niemand wissen, was wir damals ...

Das mit Martin und mir, das geht niemanden etwas an! Wie wir gehaust haben in diesem unheizbaren Taubenschlag, das war – für uns richtig, für uns! Aber mit Gewalt eine Regel draus zu machen, für andere, über Jahrhunderte? Ich will dafür nicht mehr benutzt werden.

Ich will aufhören, das zu spielen. Meine Freudenseufzer beim Backen und Braten. Meine Lust am ehelichen Beilager, nach dem der Herr Professor verlangt, wenn er nicht grad auf dem Donnerbalken thront und seine Zentnerworte ausbrütet, die ihm von Tag zu Tag dunkler und schwerer geraten.

Die Uhr schlägt.

Ich mach Feierabend.

Ich bin weg!

Tschüss!

20

Ich will diese Häuser nicht mehr sehen. Ich will dorthin, wo keine sind. Ich will zu den Elbwiesen. Da muss ich hier entlang ... Aber warum ist das versperrt? Von einem Damm, über den eine lange weiße Eisenschlange dahinbraust? Schneller vorbei, als mein Auge schauen kann! Wohin? Zu was für einem Ziel?

Ich laufe hinterher und sehe einen weißen eckigen Turm. Da hat jemand Martins Rose draufgemalt. Aber viel zu groß! Und davor springen schon wieder verkleidete Leute herum, die in unser Leben hinein wollen, mit falschen Röcken und aufgeplusterten Kopfbedeckungen ...

Oh! Da ist ein Melanchthon-Darsteller. Mit angeklebtem Spitzbart und künstlich säuselnder Stimme ... Man versteht kein Wort. Er ist im Gespräch mit einer Nonne. Holla! Die sieht echt aus!

Sie geht zwei Schritte weg von ihm, auf eine Treppe zu. Eine Treppe neben dem Damm, wo die Eisenschlange gefahren ist ... Jetzt wendet sie sich noch einmal zurück. Ich erkenne ihren schönen Habit. Das ist eine Obere der Klarissinnen! Und sie ruft dem Spitzbartträger zu:

»Herr Magister! Ich bin von weither gereist und wundere mich, wie man uns überall schmäht. Ihr lobt jene, die aus den Klöstern fliehen. Wer redet von uns, die wir bleiben wollen? Trotz der Machenschaften der Ratsherren, die auf unsern Besitz spekulieren! Die davonlaufen, machen es ihnen gar zu leicht. Lassen sich beschwindeln und herauslocken wie närrische Kinder. Könnt ihr mir eine, nur eine einzige Geflohene zeigen, die diesen Schritt bei klarem Verstand getan hat? Wo ist sie? Wo?«

Hier, sage ich leise. Hier. Ich bin's! Ich!

Aber sie hört nicht. Sie redet weiter zu dem Spitzbart:

»Wenn ihr euch als Vermittler anbietet, Magister Philippus, dann sagt unseren Stadtoberen: Wir sind Nonnen, und wir lassen uns nicht aus unserem Kloster vertreiben. Im Kloster, da hat eine Frau wenigstens ihr eigenes Zimmer!«

Das trifft mich ins Herz. Oberin, du, ich möchte mit dir sprechen. Über das Leben, deines, meines! Aber du entfernst dich. Verschwindest in der Menge. Und ich laufe dir hinterher, an Tafeln und Überdachungen vorbei, über Steinstufen, durch Gänge abwärts, aufwärts – umgeben vom Lärm dieser eisernen Schlangen, von fremden Stimmen und Blikken und blendendem Licht ...

21

Ich finde mich wieder auf einem breiten Steinstreifen. Rechts von mir steht riesenhaft eine weiße Eisenschlange mit offenen Türen. Da gehen Leute eilig ein und aus. Und links von mir? Ist nichts. Ein Zwischenraum. Eiserne Schienen, und ein Teppich aus Luft, bis hinüber zum nächsten Steinstreifen. Und auf dem, zwischen vielen Leuten, sehe ich – die Klarissin!

Sie schaut nicht her. Ich rufe nach ihr. Sie hört es nicht. Sie wendet sich – o nein! Sie geht auch auf so eine Eisenschlange zu. Wenn sie von der verschluckt wird und wegfährt, dann seh ich sie nie wieder.

Ich muss zu ihr. Jetzt, und egal wie. Mit meinen Füßen springen. Abfedern, um über diesen Teppich drüber ... Ja! Ich fliege ... Meine Beine rudern in einer Luft ohne Boden! Geradewegs hin zu der Frau. Ich habe ihr so viele Fragen zu stellen. Wo ist sie? Ich suche sie. Sie ist nicht mehr da. Und ich falle. Und falle ...

Warum rasen drei leuchtende weiße Augen auf mich zu?

22

Alles dreht sich.

Wird wieder, wie es war.

Ich liege im Gras. Höre ein Atmen. Ave? In der Sonne schillert ein Käferflügel.

Ich laufe heim. Zurück über den Hof des Schwarzen Klosters. Ich setze meinen Fuß über die Schwelle. Da kommt mir ein Wächter entgegen und ruft:

»Geh weg! Wir kennen dich nicht.«

Aber ich wohne hier. Wo ist Martinus?

»Herr Martinus ist tot und begraben.«

Ich möchte schreien. Er schlägt die Tür zu. Steine fallen aus der Mauer. Fallen zu Boden. Werden zu Staub. Eine Wolke von Staub umhüllt mich. Ich strauchele. Eine Hand berührt mich. Sie ist ganz klein. Ich frage: Bin ich fortgewesen? Eine Kinderstimme sagt:

»Nein, du warst die ganze Zeit da.«

Tatsächlich. Ich spüre mich wieder. Bei euch.

Und alles wacht wieder auf in meinem Kopf.

23

Ihr wollt sie mir wegnehmen? Die Kinder?

Ihr Heuchler! Ihr wollt Vollstrecker von Luthers Willen sein? Und sein Testament schlagt ihr in den Wind? Er hat mich eingesetzt als ...

Was? Einen Vormund bestellen? Ich kann doch selbst – ich bin doch nicht unmündig!

Bin ich denn kein Mensch, weil ich eine Frau bin? Lasst mich die Geschäfte führen! Und niemand unter meinem Dach wird hungern. Gegen den Hunger hab ich oft und oft einen Krieg ... !

Ihr braucht mir nichts anzubieten. Ich bleibe. Ich bleibe in diesem Haus!

24

Was rät mir der Herr Vormund, wenn wir auf gepackten Sachen hokken in einer Welt voll Krieg? Wo der Geruch von verbranntem Fleisch aufsteigt am Horizont?

Ich bin ja immer gern geflohen. Aber jetzt wird's mir doch langsam ...

Dies Gedonner um Buchstaben! Diese Sucht, Menschen zu jagen und abzuschlachten zum Ruhm der rechten wahren Gläubigkeit.

Hurra, ihr Kaiserlichen! Habt uns eine schöne Wüste erschaffen mit dem Feuer aus euren Drachenrüsseln!

Und ihr erst, heldenhafte Martinsschüler! Gelehrte Krähentiere! Reißt euch gegenseitig die Federn aus, um einander zu beweisen, was er, er, er gewollt hätte? Ach! Habt ihr vergessen, wie verstritten er mit sich selber war?

Lasst ihm doch seine Totenruh.

25

Und ich vergeude den mir zugemessenen Lebensrest, indem ich dem Herrn Vormund Briefe schreibe. Vorbei an der Gilde der Wissenden, die mir nachweist, dass ich so und so gar nicht geschrieben haben könnte, selbst wenn meine Briefe erhalten wären und die ganzen Schufte sie nicht weggeschmissen hätten. Ganz gleich! Heute brennt es. Heute muss ich dir, Herr Vormund, schreiben, dass ich ein Fuhrwerk brauche, um hinauszukommen, weil hier in Wittenberg die Pest um sich greift – und ihr, das ganze Universitätskollegium, bereits nach Torgau entwichen seid, und ich hock hier im Loch und fress die letzten Krumen vom verschimmelten Brot und hoff, dass der Tod mich ausspart. Warum sollte er's tun? Und also! Jetzt warte ich auf mein Fuhrwerk. So alt und bucklig ich bin – das gleicht einem Jugendabenteuer. Noch einmal nach Torgau! Ich harre und spähe auf den Wagen. Ich klatsch in die Hände und ruf über die Hügel: Mein Torgau! Erinnerst du dich?

26

Zwölf Nonnen kamen einst in deine Mauern.
Und blieben eine Nacht, nur eine Nacht,
um dann zerstreut – ha! – verkauft zu werden!

Lang vorbei. Wo liegen eure Knochen?
Noch eine, eine letzte kehrt zurück
in dich, ruhmreiche Stadt.

Hier hat Martinus Krieg geschmiedet.
Und du, Geliebte, du bist hier gestorben.
Ach! Du immer die erste. Ave!
Du immer mir voraus!

Da seid ihr schon, ihr krummen Dächer.
Ich schaukle auf euch zu.
Eilt niemand her, mich zu begrüßen?

Geharnischte, heraus!
Ihr Turmbläser, stoßt in die Hörner!
Macht eure Tore auf!
Mein Karren holpert heran!
Triumph! Triumph! Die Lutherin kommt!

Heut solls einmal gelingen:
Ich flieh ins gelobte Land!
Ja! Ich breite meine Arme aus:
Mein Torgau! Nimm mich auf!
Ich sehe deine Mauern. Ich sehe ...

Was ist jetzt? Warum scheuen die Pferde? Hilfe! Hilfe! Ich stürze! Um mich wird's dunkel ...

Mein Leben: bringt es hinein! Tragt mich fort! Ich kann ... nicht mehr ... gehn ...

27

Herr Gott! Dass es so enden muss!

Ein Hauch nur.

Ich, ich! Ein Gespinst ohne Gewicht. Ohne Fühlen bald, und ohne Wunsch. Gedacht hab ich, ich hätte mich gespielt! Um es denen zu zeigen, die über mich reden. Aber nein. Kein Mensch kann einen anderen spielen. Noch nicht mal das eigene Ich. Und gar – ein Leben ... Das löst sich alles auf. Ich will jetzt summen. Ich will, aber meine Stimme streikt.

Mit Fried. Und Freud. Ich fahr dahin ...

Ich war einmal. Ein Gast in der Welt.

Und ach, es wird so leicht, Asche zu sein! Sogar ein bisschen aufgewehte Glut. Siehst du da? Den letzten tanzenden Funken?

Ich bin dir nichts als ein kurzer Schmerz, ein Brennen, kaum zu spüren. Und wenn du die Hände wieder aufmachst, und streichst diesen kleinen schwarzen Rußpunkt von der Innenfläche, bin ich schon nicht mehr da.

Inhalt

Katharina.Schatten.Spiel wurde 2016/17 geschrieben. Die vom Autor gemeinsam mit der Komponistin Yulim Kim geschaffenen Rezital-Fassung wurde am 11. November 2017 im Atelier in der Alten Kirche Fürth uraufgeführt, mit Michaela Domes (Stimme), Markus Rießbeck (Saxophon), Werner Treiber (Schlagzeug) und Sirka Schwartz-Uppendieck (Klavier). Orchesterlied-Fassungen der Abschnitte 8 und 16, komponiert von Dorothee Eberhardt und Lorenz Trottmann, wurden beim Abschlusskonzert der 54. Fürther Kirchenmusiktage (»Reibungsfläche Reformation«) am 26. November 2017 in der Auferstehungskirche Fürth uraufgeführt, mit Laura Demjan (Sopran) und dem Farrenc Ensemble unter Leitung von Sirka Schwartz-Uppendieck und Bernd Müller.

Michael Herrschel, Nürnberg, im Dezember 2017

Michael Herrschel, geboren 1971 in Regensburg, ist Autor und Rezitator. Er schreibt Szenen und Libretti, u. *a. Tre momenti* (2007), *Les esprits follets* (2011), *David Hirtenknabe* (2012), *Die Waisen* (2012), *Passion* (2013), *Debora* (2013), *Hulda* (2014), *Die Brennenden* (2015), *Urmünderkonzil. Rede in den Wind* (2016). Im Verlag edition promenade erschien 2017 sein Prosagedichtband *Kreuzungen. Lichtpunkte.*

Hornschuchpromenade 17
D-90762 Fürth
www.edition-promenade.com

www.librettist.de

Umschlagbild, Satz und Layout: Armin Stingl, Fürth
Druck: BoD GmbH, Norderstedt bei Hamburg
Printed in Germany
Erstausgabe
ISBN 978-3-944897-16-5

edition promenade